ХВОРОБА ПАРКІНСОНА

Керуйте часом та підвищуйте продуктивність

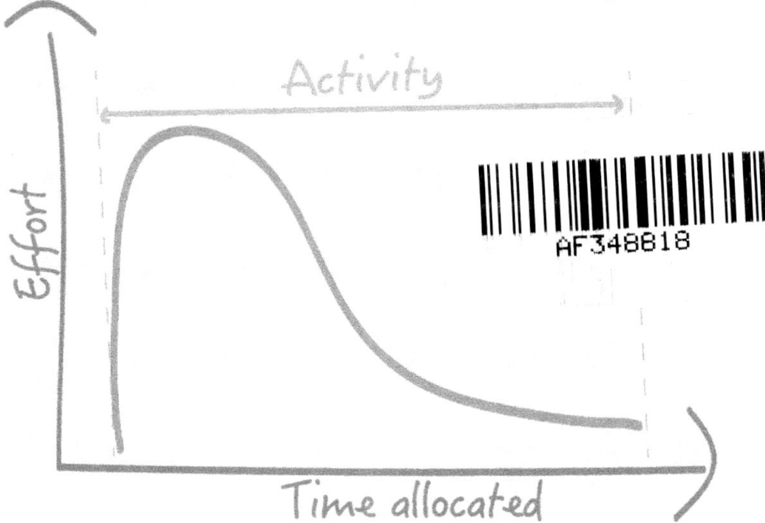

ХВОРОБА ПАРКІНСОНА

Керуйте часом та підвищуйте продуктивність

написаний Pierre Pichère
перекладено Yaroslav Melnik

ХВОРОБА ПАРКІНСОНА

КЛЮЧОВА ІНФОРМАЦІЯ

- **Ім'я: Хвороба** Паркінсона.

- **Сфери застосування:** публічне управління, адміністрування, державні служби, управління людськими ресурсами.

- **Чому вона успішна?** Це гумористична, але дуже переконлива теорія про схильність адміністрації до зростання, незалежно від обсягу необхідної роботи.

- **Ключові слова:** державний службовець, адміністрування, робочий час, державне управління, бюрократія.

ВСТУП

Руйнуючи традиційні уявлення про робочий час, "Закон Паркінсона" з гумором підкреслює функціонування бюрократичного адміністрування у другій половині 20-го століття.

Сповнений британського гумору і з періоду, коли згубні наслідки бюрократії засуджувалися (згадаймо знаменитий роман Джорджа Орвелла *"1984"*, опублікований у 1949 році), Сиріл Норткот Паркінсон (1909-1993), британський історик, опублікував у 1955 році статтю, в якій представив закон Паркінсона. Закон стверджує, що кількість персоналу державної служби зростає заданими темпами (виведеними за допомогою вигадливої математичної формули), незалежно від обсягу роботи, яку необхідно виконати.

 ВИЗНАЧЕННЯ ПОНЯТТЯ

Закон Паркінсона базується на трьох твердженнях:

людина, яка має роботу, буде використовувати весь наявний час, щоб її виконати;

працівники завжди воліють мати підлеглого, а не конкурента;

працівники спільно створюють роботу.

Ці три твердження пояснюють природну тенденцію до збільшення кількості штатних працівників. Хоча це в значній мірі гумористичний вислів, закон Паркінсона має ту перевагу, що дохідливо пояснює розвиток бюрократії.

ТЕОРІЯ

Держава забезпечує виконання завдань публічної влади (правосуддя, поліція, дипломатія тощо). На додаток до цієї історичної функції, протягом [20-го] століття були розроблені соціальні виплати для забезпечення освіти, охорони здоров'я, медичного страхування та пенсійного забезпечення. Хоча цей другий вимір функціонує по-різному в різних країнах, його можна знайти скрізь у Європі, де він відомий як "держава загального добробуту".

Для проведення цієї масштабної операції потрібні агенти, які називаються державними службовцями. У Франції, наприклад, це стосується членів трьох державних служб (державної, лікарняної та територіальної), але в більш широкому сенсі, в неправовому сенсі, це стосується державних службовців. Цей нюанс необхідний для розуміння сфери дії Закону Паркінсона, створеного британським автором, оскільки в інших країнах термін "державний службовець" розуміється по-різному.

СПІВРОБІТНИКИ ТРЬОХ ДЕРЖАВНИХ СЛУЖБ ФРАНЦІЇ

У 2013 році у Франції було зайнято 2,3 млн. державних службовців, 1,14 млн. працівників лікарень та 1,8 млн. територіальних службовців, що складає в цілому 5,24 млн. осіб. Наведені цифри включають власників та підрядників.

Застосовуючи економічний підхід, ми повинні також включити працівників приватних структур, що фінансуються державою, для надання державних послуг. Загальна кількість таких осіб становить приблизно 6 млн. осіб, що становить приблизно 25% найманої робочої сили у Франції.

Інстинктивно розум підказує, що органи державної влади наймають агентів для виконання тих завдань, які вони мають намір на них покласти. За логікою речей, збільшення чисельності персоналу має відповідати збільшенню сфери діяльності відповідного органу державної влади. Закон Паркінсона був створений на противагу цій ідеї.

У статті, опублікованій у 1955 році у відомому журналі *The Economist*, Сиріл Норткот Паркінсон побудував прямо протилежну аргументацію. На його думку, приріст чисельності державних службовців становить близько 5,7% щороку, незалежно від обсягу роботи, що доручається співробітникам.

Аргументація Паркінсона чергується між серйозними даними і явним бажанням розважити читача. У передмові, написаній для французького видання книги про закон Паркінсона, що вийшла на початку 1980-х років, великий економіст і демограф Альфред Сові (1898-1990) також більш охоче цитує Раймона Девоса (французький гуморист, 1922-2006) і Жака Таті (французький сценарист і актор, 1907-1982), ніж британських класиків економіки Адама Сміта (1723-1790) і Давида Рікардо (1772-1823), і зараховує Паркінсона до числа найбільших фантазерів того часу. Втім, ця фантазія є скоріше демонстрацією британського гумору, ніж власне висновком, і стала класичним посібником з державного управління.

В якості відправної точки для своїх міркувань Сиріл Норткот Паркінсон вказує на те, що чим більше часу у людини є на виконання завдання, тим довше вона буде його виконувати. Він ілюструє це на прикладі літньої жінки і молодого чоловіка, які повинні відправити по листівці. Вибір листівки, написання тексту, наклеювання марки та відправлення листівки — всі ці операції неодмінно займуть цілий день у людини, яка не має чим зайнятися протягом дня, хоча для дуже зайнятої людини це завдання не займе більше півгодини. Таким чином, немає ніякої кореляції між обсягом необхідної роботи та персоналом, обраним для її виконання: це і є принцип ефективності.

Закон Паркінсона базується на двох інших твердженнях:

- **Державні службовці завжди воліють мати підлеглого, а не конкурента.** Це твердження демонструється у статті Паркінсона. Якщо державний службовець вважає — справедливо чи ні — що у нього забагато роботи, у нього є три варіанти дій:

  - покинути позицію;

  - вимагати прийняття на роботу іншого працівника;

  - попросити підлеглого.

    З причин, пов'язаних з його кар'єрою та потенційним просуванням по службі, він віддасть перевагу підлеглому, а не колезі, який би вважався конкурентом. Крім того, для того, щоб між ним і його підлеглим не виникло суперництва, він віддасть перевагу найму двох підлеглих. Така ж проблема виникне через кілька років з обома цими новобранцями, так що за короткий час там буде працювати п'ять осіб, замість однієї єдиної людини, яка працювала там незадовго до цього.

- **Державні службовці взаємно створюють роботу.** Збільшення штату призводить до ускладнення бюрократичних процедур, що згодом виправдовує рішення про прийом на роботу. Якщо у працівника з'являється багато роботи після набору двох підлеглих, то, напевно, він і до цього був перевантажений. Але, за словами Паркінсона, значна частина його навантаження припадає саме на нових співробітників, оскільки тепер існує набагато більше етапів перевірки.

З цих двох тенденцій Паркінсон сформував закон, якому дав своє ім'я, і який він виражає в математичній формулі:

$$(2k^m + l) / n$$

- k — кількість працівників, які прагнуть просунутися по службі, призначаючи підлеглих собі на допомогу;

- l — різниця між віком призначення на посаду та віком виходу на пенсію;

- m — кількість годин, витрачених на відповіді на службові записки у відділі;

- n — кількість нових працівників, необхідних щороку.

Щоб знайти темп приросту, добуток множиться на 100, а потім ділиться на підсумок за попередній рік (позначається *yn),* що дає:

$$100(2k^m + p) / yn$$

Закон Паркінсона стверджує, що цей показник становить від 5,17% до 6,56%, незалежно від будь-яких змін в обсязі залученої роботи.

ОБМЕЖЕННЯ ТА ПРОДОВЖЕННЯ

Яка сфера дії хвороби Паркінсона? Науковий вигляд теорії підкреслює її провокаційний характер. Однак, незважаючи на те, що вона має гумористичний характер, її все одно використовують у роздумах про бюрократію та її негативні наслідки.

ОБМЕЖЕННЯ ТА КРИТИКА

Кількісні показники та темпи зростання

Методологічну слабкість закону, створеного Паркінсоном, легко виявити, оскільки більшість значень рівняння неможливо визначити. Як насправді можна кількісно оцінити кількість державних службовців, які прагнуть підвищення по службі? Для цього потрібен інструмент для читання думок, якого держава поки що не має. Аналогічно, вимірювання кількості годин, витрачених на відповіді на службові записки, є гарною ідеєю, але це означало б сортування між корисними та продуктивними відповідями і тими, без яких державна служба могла б обійтися.

Тому результат рівняння — темпи зростання від 5,17% до 6,56% — не слід приймати за чисту монету. У статті, опублікованій приблизно через 20 років після запровадження свого закону, Паркінсон намагався показати, що він працює. Вивчаючи персонал британської державної служби, він сам визнав слабкість статистичної бази, на якій будував свої міркування. Тим не менш, він зробив висновок про дієвість закону, проаналізувавши штати деяких британських відомств, зокрема, Міністерства оборони. Однак ця стаття знову мала яскраво виражений сатиричний вимір, спонукаючи людей посміятися над нею.

Тому ми повинні зберегти, перш за все, логіку закону Паркінсона, не надто зосереджуючись на математичній формулі, намір якої, ймовірно, є більш гумористичним, ніж науковим. Тому давайте подивимося на головні речі, яких ми можемо навчитися у Паркінсона:

- Час виконання завдання має тенденцію до досягнення фактичного часу, наявного для завершення роботи.

- У бюрократичній системі робоча сила має тенденцію до швидкого зростання, що пов'язано зі стратегіями просування по службі нинішніх працівників, а також зі збільшенням кількості процедур, які виправдовують збільшення кількості людей, пов'язаних з виконанням певного завдання. Цей поштовх до збільшення кількості державних службовців призводить до економічного глухого кута. Фактично, ці посади фінансуються за рахунок обов'язкових прямих відрахувань, які, таким чином, мають тенденцію до зростання, досягаючи порогу, що душить економічну систему.

Неприйнятність для компанії та незнайомство з керівництвом

Закон Паркінсона не може бути застосований до компанії через обмеження продуктивності та збільшення варіативності зайнятості. Навпаки, така компанія буде прагнути скоротити свою робочу силу, а не збільшувати її. Хоча насправді закон Паркінсона не відповідає методам менеджменту та управління людськими ресурсами. Ці методи працюють на мотивацію команд з метою підвищення продуктивності і тому борються з тенденцією до збільшення часу, необхідного для виконання конкретного завдання.

СПОРІДНЕНІ МОДЕЛІ ТА РОЗШИРЕННЯ

Закон Паркінсона відомий і сьогодні. Тому ми можемо підійти до інших законів або принципів, які, подекуди, використовують сучасну термінологію і чиї припущення спираються на ті, що були зроблені Паркінсоном.

- У 1970 році **Лоренс Пітер** (канадський педагог, 1941 р.н.) сформулював принцип, якому дав своє ім'я — принцип Пітера. Коли компетентні працівники просуваються на вищу посаду, завжди настане час, коли посади в компанії (особливо на рівні керівництва) будуть укомплектовані некомпетентними працівниками. Цей принцип схожий на закон Паркінсона в тому, що стосується просування по службі державних службовців.

- У 1975 році **Фредерік Брукс** (комп'ютерний інженер і професор університету, 1931 р.н.) опублікував книгу під назвою *"Міфічна людина-місяць"*. Він пояснює, як додавання персоналу до проекту, який вже затримується, лише збільшить остаточну затримку. Він критикує одиницю виміру, яка часто використовується в управлінні проектами — людино-місяць, тобто обсяг роботи, що виконується людиною за один місяць. Однак цей обсяг значною мірою залежить від загальної організації проекту, умов праці тощо. Цей висновок перегукується з поясненням Паркінсона про розширення обсягу роботи для заповнення кількості часу, доступного для її виконання. Цей підхід також порівнювали з деякими законами розширення газів, але ця паралель є скоріше порівнянням, ніж подібністю.

- Розглядаючи Паркінсона як письменника, який пише про щось середнє між гумором і економікою, можна також порівняти його з **Огюстом Детуфом** (промисловцем і письменником, 1883-1947). Він був автором кількох збірок висловлювань і думок, навчався в Політехнічній школі, а потім заснував компанію *Alsthom*. Його тексти сповнені роздумів зі світу бізнесу, з кількома посиланнями на час і те, як найкраще його використовувати. Ці гумористичні роздуми часто схожі на підхід Закону Паркінсона щодо розширення часу, необхідного для виконання конкретного завдання.

У світі соціальних наук, починаючи з початку 20-го століття, кілька авторів досліджували вплив бюрократії, оприлюднюючи висновки, схожі на ті, що були встановлені Сирілом Норткотом Паркінсоном. Тут варто згадати трьох з них.

- На думку **Макса Вебера** (німецький соціолог, 1864-1920), становлення капіталізму призводить до появи нового типу влади. Якщо феодальне суспільство спирається на особистий авторитет, а деспотичні режими (наприклад, бонапартизм) — на харизматичну владу, то капіталізм породжує покірність правилу, так звану раціональну владу. Людина має владу відповідно до позиції, яку вона займає в ієрархії, і повноважень, які пов'язані з цією позицією. Згодом з'явився термін "бюрократія", який Макс Вебер використовував без принизливих конотацій для опису зростаючої ролі державної адміністрації та компаній у сучасних суспільствах. Навпаки, він вважає бюрократію найбільш успішною соціальною формою, оскільки вона заснована на верховенстві закону і допомагає вижити тим, хто причетний до виконання завдань.

- Підхід **Людвіга ван Мізеса** (австрійсько-американський економіст, 1881-1973) є набагато більш критичним. У 1944 році він засудив у своїй праці *"Бюрократія" зростаючу* вагу державного управління в сучасній економіці та перешкоди, які воно створює для зростання економічної активності. Цей текст, можливо, надихнув Паркінсона, який, стверджуючи, що розробив правило, що пояснює темпи зростання кількості державних службовців, був стурбований тим, що настане час, коли ця категорія буде представляти всю робочу силу.

- У цих дослідженнях французький соціолог **Мішель Крозьє** (1922-2013) продемонстрував, як чиновники в бюрократичній системі поступово звільняються від правил, створюючи простір для свободи. Це дослідження може пояснити, чому працівники великих організацій витрачають все більше часу на виконання своєї роботи, створюючи таким чином умови для найму нових агентів, описані Паркінсоном.

Починаючи з 1970-х років, теорія нового державного менеджменту займається питаннями управління державним управлінням, шукаючи методи модернізації, значною мірою натхненні досвідом управління приватними компаніями. Ставлення до користувачів як до клієнтів вимагає розвитку ефективних агентств, які розподіляють послуги, тоді як центральний уряд лише встановлює керівні принципи. Цей підхід, широко прийнятий, але також часто критикується, намагається подолати бюрократію та її особливості.

ПРАКТИЧНЕ ЗАСТОСУВАННЯ

Як у великих приватних компаніях, так і в державних адміністраціях, менеджери намагаються створити інструменти для боротьби з основними тенденціями, виявленими Паркінсоном.

Однак у державному управлінні ці засоби часто є більш обмеженими, ніж у приватному секторі. Положення про персонал обмежують повноваження ієрархів: їх можна звільнити лише у виняткових випадках, а при визначенні заробітної плати рідко враховуються об'єктивні елементи ефективності роботи. У всіх західних країнах останні події призвели до підвищення ефективності державного управління з наступними цілями:

- більш ретельний контроль за чиновниками і, таким чином, обмеження ефекту збільшення робочого часу;

- спрощення адміністративних процедур шляхом протидії бюрократичним тенденціям;

- нарешті, обмеження зростання чисельності працівників державних служб, у тому числі прагнення до скорочення чисельності державних службовців, що йде врозріз з прогнозами Паркінсона про неминуче збільшення кількості державних чиновників із заданою швидкістю.

ПОРАДИ ТА РЕКОМЕНДАЦІЇ

Цілі управління

Багато країн запровадили управління за цілями. До початку 1990-х років національні бюджети рідко включали зв'язок між цілями та засобами. У більшості країн-членів ОЕСР (Організація економічного співробітництва та розвитку) ці процедури були розроблені поступово. У Франції, наприклад, органічний закон про фінансові закони (LOLF), прийнятий у 2001 році і введений в дію у 2006 році, є частиною цього руху. Він передбачає планування національних бюджетів за програмами, з посиленою можливістю перевірки їх виконання. Таким чином, він покликаний розподіляти ресурси для досягнення цілей, поставлених органами державної влади, під пильним наглядом парламенту. Ці нові процедури сприяють кращій організації роботи державної служби та її працівників, а отже, боротьбі з негативними наслідками бюрократії, проаналізованими Паркінсоном. Необхідно визначити обмежену кількість чітких цілей, щоб вони не суперечили одна одній.

Розробка стимулів та перевірок

Підтримка такого управління за цілями на національному рівні, залучення державних службовців було предметом багатьох експериментів. Заохочення працівників до більш ефективної роботи та посилення контролю – це дві сторони одного і того ж питання: як підвищити продуктивність державних послуг?

Данія, наприклад, розробила систему контрактної оплати праці для державних службовців, з тим, щоб частка оплати, пов'язаної з результатами роботи, досягала 20% від заробітної плати. Така оцінка здійснюється через діалог між працівником і керівником, який контролюється представником профспілки. Нещодавня переоцінка цієї політики, яка була запроваджена 20 років тому, свідчить про більш широке сприйняття цілей діяльності, коли від них залежить частина заробітної плати, оскільки працівник розуміє і привласнює показники та методи оцінки. Інші країни обрали шлях розвитку заробітної плати державних менеджерів, тих, хто керує службами та агентствами, і які отримують премії або просування по службі на основі успіхів своїх команд.

Все ще існує потреба у розробці відповідних показників ефективності. Вони повинні відповідати цілям публічної служби, а не бути суто лічильними. Важко оцінити роботу поліцейського за кількістю виписаних штрафів чи арештів. Але як можна оцінити його роботу з попередження злочинів? Як можна виміряти події, які не відбулися? Крім того, у всіх секторах, приватних чи державних, будь-яке оцінювання пов'язане з ризиком привласнення результатів тими, хто його проводить. Учасники можуть зайняти таку позицію, яка сприятиме покращенню показників, на шкоду іншим аспектам їхньої роботи, які є не менш важливими, але не піддаються вимірюванню за допомогою показників. Встановлення показників ефективності з метою поступового контролю за виконанням роботи відповідно до поставлених цілей вимагає розсудливості та ретельного підходу.

Нарешті, стимули та перевірки можуть бути ускладнені статусом державної служби. У країнах з кар'єрними системами незмінність державних службовців, призначених на визначені законом посади, може перешкоджати створенню справжньої структури індивідуальних і колективних стимулів.

 КАР'ЄРНІ СИСТЕМИ ТА СИСТЕМИ ПОСАД

Існує два типи організації державних послуг.

У кар'єрних системах службовці вступають на державну службу за результатами іспиту або конкурсу. Вони підпорядковуються ієрархічній організації, де просування по службі пов'язане з балами, отриманими за вислугу років та класифікацією. Гарантії зайнятості, як правило, гарантуються.

І навпаки, посадові системи передбачають призначення на посаду особи, яка вважається найбільш кваліфікованою для виконання певної функції, навіть якщо вона не належить до публічних послуг. Ця система є більш гнучкою і ближчою до приватного ринку праці.

Слід зазначити, що у Франції ці дві системи співіснують. Державна служба підпадає під систему кар'єри, в той час як місцеві ради функціонують більше як приватний ринок праці, з посадовими особами, а також працівниками ззовні для заміщення деяких посад за тимчасовим контрактом.

Скорочення штату

Закон Паркінсона був створений у 1950-х роках, в період сильного зростання у відносно закритих економіках, де ні вага державних витрат, ні конкуренція між податковими системами ще не були причиною для дебатів. З того часу ситуація змінилася. Державні бюджети, особливо після фінансової кризи 2008 року, стали більш жорсткими; європейські держави прагнуть контролювати витрати. Значні стабілізаційні заходи, навіть скорочення державної робочої сили, були ініційовані з початку 1990-х років. Дані ОЕСР свідчать про відносну стабільність чисельності чиновників у більшості країн-членів цієї організації в період з 1991 по 2001 рік. Лише в Люксембурзі вона зростала в середньому на 4% на рік. Франція не брала участі в цьому дослідженні.

Було реалізовано кілька стратегій:

- Приватизація, проведена з 1990-х років у багатьох країнах, призвела до зміни статусу державних службовців або тих, хто щойно прийнятий на роботу. Таке зменшення державного втручання спостерігалося, наприклад, у Франції при приватизації великих компаній, таких як "Франс Телеком". Чиновники Міністерства пошти та телекомунікацій були поступово замінені приватними службовцями компанії France Telecom (нині Orange), а держава тепер володіє лише невеликою часткою капіталу.

- Багато країн вже кілька років намагаються стримувати чисельність державної робочої сили. Політика незаміни агентів, виходу на пенсію та найму призвела до стагнації, або навіть незначного зменшення кількості державних службовців.

- Деякі держави більш відверто суперечили закону Паркінсона, застосовуючи більш жорстоку політику помітного скорочення кількості державних службовців. У Німеччині в 1990-х роках держава відмежувалася від частини чиновників після об'єднання країни.

Політика децентралізації створила ілюзію значного скорочення. Так, за даними Рахункової палати, чисельність державних службовців у сфері державних послуг залишалася стабільною в період з 2000 по 2007 рік, що є першим випадком для таких країн, як Франція, яка дуже прив'язана до державного втручання. Але в той же час кількість службовців місцевих рад зросла на 400 000, що є результатом послідовних заходів децентралізації, які передали нові обов'язки місцевим органам влади, включаючи технічний персонал, відповідальний за коледжі (загальні ради) та середні школи (регіональні ради). Таким чином, це більше схоже на операцію "під тиском", ніж на реальну політику стабілізації державних службовців.

ТЕМАТИЧНЕ ДОСЛІДЖЕННЯ – ДЕРЖАВНА СЛУЖБА БЕЛЬГІЇ

Бельгія є цікавим прикладом державної служби, заснованої на жорсткому статусі, зі значною кількістю службовців – приблизно 840 000 осіб станом на кінець 2013 року. Нещодавні реформи були спрямовані на те, щоб змінити тенденцію до постійного збільшення кількості службовців, описану Паркінсоном. Це спосіб реагування на економічну кризу, а також відновлення довіри між урядом і громадянами після ерозії довіри. Незважаючи на зусилля федеральної держави, прогресуюча федералізація країни призвела до того, що регіони та громади почали розвивати свій персонал для виконання нових завдань, тому кількість державних службовців продовжує зростати.

МОДЕРНІЗАЦІЯ ДЕРЖАВНИХ ПОСЛУГ

Традиційно бельгійська державна служба характеризувалася низькою мобільністю службовців, значною кар'єрною системою та певною негнучкістю, як і багато інших європейських державних служб. Починаючи з 1990-х років, зростаючий тягар державного боргу, який сягнув піку у 137% ВВП у 1993 році, змусив країну намагатися модернізувати державні послуги з метою зниження витрат та підвищення ефективності. На державні послуги припадає близько 17% ВВП Бельгії, що є відносно низьким показником, але до цього слід додати персонал лікарень, який не включений до статистичної бази.

На федеральному рівні були запроваджені програми підготовки управлінських кадрів, кар'єрної мобільності та підзвітності керівництва з метою підвищення ефективності та боротьби з надмірним збільшенням робочого часу та кількості державних службовців, описаним Паркінсоном. Регіони та громади також розвивали свої методи. У Фландрії було запроваджено шестирічні терміни для вищих посадових осіб. Державна служба була реорганізована в департаменти, з великими повноваженнями керівників. У Валлонії відбулося перегрупування, і регіональна влада ще більше розділила операційні функції між різними департаментами.

 # Ви знали?

Бельгійська державна служба часто використовує контрактний персонал, тимчасових працівників або субпідрядників для виконання конкретних завдань, незважаючи на їх більш високу вартість, з метою зменшення жорсткості державного управління. Фактично, ці працівники є більш гнучкими, оскільки вони не призначаються на посаду.

Для того, щоб стати державними службовцями, кандидати повинні скласти низку іспитів, а для відбору вищих посадових осіб, на додаток до цього першого відбору, кандидати повинні зустрітися з дисциплінарною комісією, що складається з фахівців, які володіють навичками, необхідними для вакантних посад, які, як правило, є професіоналами з державного та приватного секторів.

ФЕДЕРАЛІЗАЦІЯ ОСТАТОЧНО ПІДТВЕРДЖУЄ ТЕОРІЮ ПАРКІНСОНА

Федеральний уряд також взяв на себе зобов'язання проводити політику скорочення персоналу в державних службах Бельгії. У бюджетних зобов'язаннях країни вживаються заходи щодо дотримання Європейського пакту стабільності та зростання, що призвело до значної економії витрат на персонал, запланованих на 2010-2014 роки. Вони перевищують 300 млн. євро, запланованих на 2013 та 2014 роки.

Водночас країна посилила федералізацію, передавши багато повноважень місцевим та регіональним органам влади. Зусилля, спрямовані на стримування зайнятості в державному секторі на відкладеному рівні, були підірвані зростанням державних служб в регіонах та громадах. Зайнятість у федеральному секторі помірно зростала в період між 2000 і 2010 роками, загалом на 4,5% (далеко не 5-6% на рік, як передбачав Паркінсон). Однак за той же період вона зросла на 20,5% в громадах і провінціях і на 22,7% в регіонах. Зайнятість у державному секторі на всіх рівнях зростала швидше, ніж загальна зайнятість у 2000-2010 роках (13,8% проти 9,2%). Невизначеність приватного ринку відлякує кандидатів, які шукають гарантії зайнятості, забезпечення стабільності в кар'єрі та виконанні своїх завдань.

Цей приклад ілюструє труднощі, з якими стикаються країни при обмеженні чисельності державних службовців. Спадщина попереднього законодавства, яку нові управлінські практики намагаються пом'якшити, законні очікування населення щодо державних послуг і рух за децентралізацію або федералізацію, який дуже виражений у Бельгії, але присутній у багатьох європейських країнах, де цінується місцевий рівень, – все це призводить до складного контролю над персоналом, не кажучи вже про те, що ця зброя може бути використана для боротьби з безробіттям. Але в той час, коли державні рахунки ретельно перевіряються Європейською Комісією, Рахунковою палатою та фінансовими ринками, і коли глобалізація чинить тиск на рівень обов'язкових податків, створюючи конкуренцію між фіскальними системами західних країн, це питання з'являється в політичному та економічному порядку денному. Всі держави намагаються обмежити прогнози Паркінсона, з відносним успіхом.

РЕЗЮМЕ

- Закон Паркінсона прогнозує пропорційне щорічне збіль-
шення кількості державних службовців від 5,17% до
6,56%, незалежно від обсягу роботи.

- Сиріл Норткот Паркінсон базує свої міркування на трьох
припущеннях:

  ○ державний службовець буде використовувати весь
    наявний час для виконання своєї роботи;

  ○ він завжди віддасть перевагу мати підлеглих, а не
    колег, виходячи з логіки кар'єрного просування;

  ○ державні службовці створюють роботу один для
    одного.

- Закон Паркінсона є дуже сатиричним, але узгоджується з
більш науковими теоріями про бюрократію.

- Він привертає увагу читача до головної фінансової про-
блеми, але, здається, повністю ігнорує аспект управління
людськими ресурсами та ефективності.

- Сьогодні державні служби докладають значних зусиль,
особливо у сфері людських ресурсів, для боротьби зі
своєю природною тенденцією до зростання, з метою
контролю за державними фінансами та якістю послуг,
що надаються населенню.

ЧИТАТИ ДАЛІ

БІБЛІОГРАФІЯ

Демонті, Б. (2013) Рекорд функціонерів у Бельгії. *Le Soir*. [Онлайн]. [Accessed 7 July 2014]. Available from: < http://www.lesoir.be/160948/article/actualite/belgique/2013-01-14/record-fonctionnaires-en-belgique>.

OECP. (2005) *Модернізація уряду: Шлях вперед*. [Онлайн]. [Доступно 7 липня 2014 року]. Режим доступу: <http://www.oecd-ilibrary.org/governance/modernising-government_9789264010505-en>.

OECP. (2007) *Examen de l'OCDE sur la gestion des ressources humaines dans la fonction publique: Belgique*. [Онлайн]. [Accessed 7 July 2014]. Режим доступу: <http://www.oecd.org/fr/gouvernance/emploi-public/39375860.pdf>.

OECP. (2011) *Preésentation de l'Étude économique sur la Belgique 2011 : Trois enjeux stratégiques pour la Belgique*. [Онлайн]. [Accessed 7 July 2014]. Режим доступу: <http://www.oecd.org/fr/belgique/etudeeconomiquedelabelgique2011.htm>.

Паркінсон, К. Н. (1983) *Закони Паркінсона*. Париж: Robert Laffont.

IMPROVE YOUR GENERAL KNOWLEDGE
IN THE BLINK OF AN EYE!

www.50minutes.com

Видавець забезпечує достовірність опублікованої інформації,
за яку, однак, не несе відповідальності.

Майстер ISBN: 9782808601177
Паперовий ISBN: 9782808602624
Юридичний депозит: D/2022/12603/263

Цифровий дизайн: Primento,
цифровий партнер видавництва.